Moonology ORACLE CARDS GUIDEBOOK

月相神諭卡

雅思敏・伯蘭 **Yasmin Boland** ／著

妮克絲・蘿婉 Nyx Rowan ／繪・舒靈／譯

目　錄

簡　介

　　歡迎使用神秘的月相神諭卡。月亮是天空中神祕魔幻的發光體，有時候她（月亮是一個她）肉眼能見，有時候隱而不見。不管她在哪一個月相或哪一個黃道星座，她永遠都有訊息要告訴我們。

　　月亮從你一出生就存在你的生命中，但你有多少次向她尋求忠告？答案可能是「很多次」，也可能是「難得幾次」。不管怎麼樣，月亮現在想要帶你邁向未來。

　　這些牌卡是為了幫助你獲得月亮古老的女性智慧而設計，它們會成為一個能引導你、療癒你、警示你和保護你的靈性和神性的強大占星工具。另外，這套神諭卡雖然是根據極為嚴謹的占星準則解讀的，但你會發現，等你了解它之後，就能用自己的方式來解讀。

　　每件事情的發生都有其因緣，你現在會讀到這本神諭卡說明書也是基於某種因緣。或許你剛開啟

使用神諭卡，或是月相的旅程，或是這兩者的旅程。也許你是經驗老到的牌卡解讀老手。不管怎麼樣，我都很高興你決定要使用這套為你設計的迷人的神諭卡，來運用月亮的能量。

這些神諭卡是為了幫助你
一、創造你的人生
藉著思考你抽出的牌，你可以決定是否喜歡目前正在開創的未來，或者你也可以想辦法改變你現在走的道路。

二、規劃你的人生
每當你喜歡的牌出現時，你可以開始做一些實際的規劃，而且這些牌會永遠告訴你實話！

三、預測你的人生
等你開始熟悉了這些牌之後，就會發現你可以根據這些牌做出很準確的預測。

雖然你可以用這套神諭卡來預測自己的未來，也可以幫別人占星解讀，但我相信它的功能不僅只是這些，你真的可以利用它來創造屬於自己的現實

人生。

　　我自己使用神諭卡時喜歡得到一個肯定的「是」或「不是」的答覆。如果預測未來時，有「是」或「不是」的答案，我也會盡可能説得清楚明確。然而，有時候這些牌也會告訴你，目前這條路會通往哪裡，這樣一來，如果你對這個方向不滿意的話，可以讓自己轉換新的人生方向。

為牌卡祈福

　　在你使用這套牌卡之前，先把你自己的能量投注到牌卡中很重要。將整套牌卡有圖畫的正面朝下放在一隻手上，緩慢柔和的呼吸，同時另一隻手專心地從整套牌卡最上面一張一張的拿起來，將後面的牌疊在前一張上面，再放到桌子上。現在換成有圖畫的正面朝上，重複一遍剛才的動作，一張一張的拿起來，將後面的牌疊在前一張上面。拿牌卡的時候至少短暫的看一下牌卡正面的繪圖。這個動作全部完成之後，雙手捧著牌卡，説下面這段話：

　　　　「美麗的牌卡啊！我懇求你指引我朝

　　　　正確的方向前進，請給我良好的忠告，

　　　　也請給任何一個尋求你指引的人忠告。

　　　　感謝你總是在我解讀你的時候，

溫和地顯示我需要知道的事情。
我信任你！如果事情果真如此，
　　那就順其自然吧！」

月亮的智慧

　　我迷戀神諭卡已經多年了，我很高興能提供你這套汲取月亮智慧的神諭卡。月亮是我們宇宙的指引者，魔法的計時器，為我們提供忠告上千年了。這套神諭卡也能讓你接收到月亮的指引。

　　據說神諭卡是在十九世紀發源於法國，相傳第一套神諭卡是由一位職業的算命師瑪麗安・雷諾曼（Marie Anne Lenormand1772〜1843）發明的。塔羅牌有一套大阿爾克那和小阿爾克那的模式，神諭卡卻不同，它幾乎可以用任何方式創造出來。神諭卡在二十世紀越來越受歡迎並廣為流傳，到現在二十一世紀，它已成為主流。

　　值得注意的是，塔羅牌中的月牌也跟月亮本身一樣充滿神秘感。我希望這套神諭卡也充滿魔法和神秘感，如同滿月照亮夜空一般，照亮你前方的道路。

　　我們來想想「神諭」這兩個字的涵義，牛津字

典中的主要意思是「傳達訊息的神使，透過古器物尋求神的忠告或預言」。我相信有很多人已經忘了我們每個人都可以成為自己的神使這個事實，但我們可以用月亮和月相神諭卡來補救這點。

當我們從親近大自然的生活方式轉換到工業社會的生活型態，西方世界的大部份人會發現，我們似乎失去了創造、計畫和預測自己未來的能力。但是我們人類，尤其是女性運用月亮的力量已經幾千年了。然而，在我們現在稱為「焚燒女巫的時代（The Burning Times, 1300～1800）」中，當時許多女性因為碰觸月亮的力量，或運用女性力量而被吊死、淹死或綁在木樁上燒死。

這些女性被稱為女巫，這個字眼最近已經被過份渲染誇大，而且往往不是指好的方面。我自認為是「一個好女巫，甚至是一個「中產階級的女巫」，也是「女創造者（Creatrix）」。我們這些女性、女巫、女魔法師和女創造者使用器物占卜已有多年，也會觀察月相週期。這兩種由來已久的傳統現在已被融入這套牌卡中。

在你使用月相神諭卡時，可以先使用說明書裡的牌義解讀，但過一段時間之後，你也能發展延伸自己理解出來的牌義，到時你就能成為神諭使者，

而不是使用神諭的人。

　　如果你在占卜時抽出一張牌，它給你一種
獨特的「感覺」，那它就是價值最高的牌！

　　不過，我會建議你先熟悉這些牌之後再開始加
入自己的想法，這部份絕對是屬於最後的階段：當
你解讀牌卡的能力變強之後，可以使用自己的方式
來解讀牌義中的現在和未來。

　　你會發現說明書中的牌義解讀有時候會顯示很
多種可能的結果，這是因為這套神諭卡嚴格遵守傳
統的占星智慧，所有的占卜都有好幾種可能的結
果。所以在使用你的眼睛和大腦的同時，也要運用
你的心靈和直覺去解讀牌義。

　　你想尋找的答案都會出現在你面前。多了解這
套牌卡，多花時間去使用它，也能幫助你加強跟牌
卡之間的聯繫。

月相週期

　　很多使用這套神諭卡的人可能會發現，學習八大月相和其他與月亮相關的知識很有幫助。不過，就算你不知道這些知識也能使用這套牌卡，也就是說，我希望那些感覺受到吸引、想使用這套牌卡的人能拿它當作學習有關月亮知識的跳板。

　　在任何一個月份，不管是哪一個黃道星座落在新月或滿月上，月亮永遠會以同樣的順序出現這些月相。

　　跟其他的神諭卡不同，我純粹只用月亮在不同月相時的能量來占卜，包括——新月、滿月和超級月亮——當然，還有月亮經過十二星座時的能量。

　　下面這張表格中有八種主要的月相，每一個月相都有自己的關鍵字：

●	新月	清除舊帳,潛力,夢想
●	眉月	勇氣,向前邁進,信心
◑	上弦月	挑戰,自信,承諾
◖	盈凸月	轉圜,磨練,調整
○	滿月	結果,寬恕,感恩
◗	虧凸月	放鬆,接納,重整
◐	下弦月	重新評估,平衡,信任
●	殘月	療癒,撫慰,臣服

如何使用神諭卡

月相神諭卡有四十四張魔法強大的牌卡，不管你是要深入探索某個問題的答案，或是尋求一個快速的指引。你可以詢問關於愛情、金錢、工作或其他任何問題。如果你對某一件事情感到困惑不解，神諭卡會盡量給你明確的指引。

這套牌卡的結構

這套牌卡分成下列四個部份，每個部份代表每個月八大月相的運勢：

月相牌

這些牌卡會顯示陰曆月的八大月相，請參照第16頁表格中的圖示和說明。

新月牌

新月經過每一個黃道星座時，十二張新月牌會

帶來一種嶄新和開始的能量。

滿月牌

十二張滿月牌宣告每個黃道星座的巔峰和結果。

特別月牌

這些奇特的牌卡表示特別顯著的事情，有時候表示出人意料的情況。特別月是指新月月蝕、滿月月蝕、漸盈月、虧缺月、月入空亡（月亮無相位）、本位月、月亮停變期、月亮變動期、超級月亮、藍月、南交點和北交點。

解讀牌義

不管你抽到什麼牌，不管那天是在哪一個月相，你可以肯定你抽到的牌是正確的。舉例來說，如果你在滿月在天蠍座的日子抽到新月在雙子座牌，新月在雙子座牌的牌義解讀仍是你要的答案。這些牌卡純粹是象徵性的代表我們從變化無常的月亮中得到的各種能量。

總體的牌義解讀

你會發現包羅萬象的各種牌卡可能會回答你的問題，它會傳達牌卡裝載的能量和訊息給你。這些牌卡是預言性的，所以它會告訴你，你目前產生的想法和感覺將會帶你通往何方。如果你喜歡抽到的這張牌，你會接收到如何運用牌中這個能量的想法，如果不喜歡的話，你會收到如何改變事情的念頭。

額外的涵義

每一張牌的「額外」牌義解讀都適用你嗎？很可能不是！事實上，說明書中列出的一些額外牌義有時候會顯得跟你的情況相互矛盾，但占星學包含一切，所以你得了解每張牌帶來的各種可能性。每個月相都會有好幾種涵義，你需要誠實面對自己內心深處的感覺，再來解讀你抽到的牌卡。

「接通月亮的能量」

不管你在生命中需要做什麼樣的正向改變，月亮能量的肯定和指引都能幫助你實現、完成、釋放或清除。

教學

　　每張牌的「教學」區會提供關於月亮的額外資訊，以及跟那張牌訊息的關聯，以便讓有興趣的人學習更多有關占星學的知識，利用這本說明書中的牌義解讀和美麗的圖畫學習更多當時月相的能量。

四大元素

　　跟占星學一樣，月相學也使用四種主要的元素：火、土、風、水。每種元素都具有它自己的特質，而且都分配了三個星座：

- **火**（激烈，表示火氣衝到腦門）──牡羊座、獅子座和射手座。
- **土**（踏實，保證穩重）──金牛座、處女座和摩羯座。
- **風**（要你運用自己的智能和邏輯）──雙子座、天秤座和水瓶座。
- **水**（情緒化，要你感受自己的感覺）──巨蟹座、天蠍座和雙魚座。

　　當你使用神諭卡時，學習去「感應」這些元素不只能幫助你了解牌義，而且能教你更多關於月相週期運作的知識。

等你開始真正感受到這些元素的特質，
就會開始喚醒其他有關月亮和宇宙
的深層知識。

藝術家妮克絲・蘿婉（Nyx Rowan）美麗的繪圖也能當作冥想的工具。比方說，你可以養成每天抽一張牌放在你面前冥想其中訊息的習慣，或是祈求古老的希臘和羅馬神話中的月神——分別是塞勒涅（Selene）或黛安娜（Diana）——或是祈求跟月亮有關的大天使漢尼爾（Haniel）或加百列（Gabriel）幫助你了解你需要知道的事情。不管你是在白天或晚上尋求幫助，他們都會像月光一樣將明悟的光芒照耀到你身上。

雖然這些美麗的圖畫柔和又神秘，當你閱讀牌義解讀時會發現，它們的能量很強大，而且通常會有清晰明確的訊息讓你知道你的未來將會如何展開，它的答案或牌義解讀都很實用。

假以時日，你對這些原始意義的了解就會逐漸擴大，並注意到這些牌卡是如何為你展示的。

運用牌陣

你想以任何方式使用這套牌卡都可以。我喜歡

在提出問題之前先讓自己安定下來，當我解讀牌卡時，會仔細觀察我召喚來的強大力量，不過，有時候我可能只是單純地抽出一張牌來回答一個問題。對我來說，這是得到答案超級強大又快速的方法。

然而，傳統上，用牌卡占卜的人已經創造出一些「牌陣」，就是把牌卡用某種方式攤開擺放，這樣每一張牌都跟某個特定的問題或答案有關。你可以使用這兩種傳統塔羅牌的牌陣：凱爾特十字牌陣（Celtic Cross spread）和三張牌牌陣（Three card Spreads）。

凱爾特十字牌陣

- 第一張牌──現在
- 第二張牌──挑戰
- 第三張牌──過去
- 第四張牌──最近的過去
- 第五張牌──沒有其他變化時的結果
- 第六張牌──通往未來的道路
- 第七張牌──更多關於你的事情
- 第八張牌──更多關於這個情況的事情
- 第九張牌──希望和恐懼
- 第十張牌──最後的結果

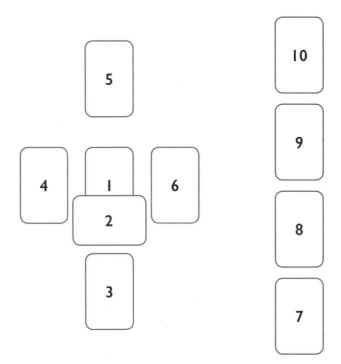

三張牌牌陣

- 第一張牌——過去
- 第二張牌——現在
- 第三張牌——未來

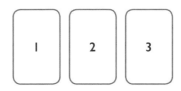

除此之外，你也可以嘗試使用下面這兩種牌陣之一，並使用同樣的展牌模式（你可以在我的網站每日月亮訊息中找到當天的月相資訊 www.moonology.com）。請注意，我並沒有使用逆位牌，也就是一套牌卡中那種上下顛倒的牌。

新月三張牌牌陣

盡可能在新月或是新月剛過時，在月相變化之前使用這個牌陣。

新月是重新開始的時期。當你選擇這幾張牌的時候，想著即將到來的這個月，並請求神靈指引你抽到能幫你了解未來這個月運勢能量的牌卡。

如果你想詢問有關這個月的某個特定的問題，這個牌陣也適用。

- 第一張牌——什麼正發生在我身上？
- 第二張牌——這個新月的主要訊息。
- 第三張牌——最後的結果。

滿月三張牌牌陣

盡可能在滿月時或是滿月剛過不久使用這個牌陣，不過，不像新月期那麼嚴謹，滿月前或滿月後做都可以。當你選擇這幾張牌時，你可以詢問某個

特定的問題，或是請求神靈給你這個時期的一般性指引。

- 第一張牌──什麼離開（消失）了？我需要原諒什麼？
- 第二張牌──明亮的滿月向我顯示什麼？
- 第三張牌──接下來這個月會發生什麼事？

漸盈月四張牌牌陣

漸盈月是從新月到滿月的這段期間，為期大約是兩個禮拜的時間，這時月亮似乎每天晚上都會逐漸變大。這時要努力增加熱誠朝目標邁進，而且這個牌陣裡的牌面也在反應這點。想著你當前的第一個目標，一張接一張地把你選擇的牌卡，正面朝下，以下列這個展牌方式放好：

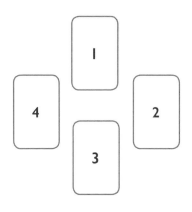

- 第一張牌——現在到滿月這段期間，什麼正發生在我身上？
- 第二張牌——有什麼辦法能解決我現在所面臨的困難？
- 第三張牌——忠告。
- 第四張牌——最後的結果。

　　以下列舉出一些你在各種情況下可能會出現的牌義解讀。
- 第一張牌（現在到滿月這段期間，什麼正發生在我身上？）抽牌結果：超級月亮——不久的將來會出現令人興奮的事情！
- 第二張牌（有什麼辦法能解決我現在所面臨的困難？）抽牌結果：虧缺月——前進時盡量減少心中的抗拒。
- 第三張牌（忠告）抽牌結果：新月在雙子座——溝通是關鍵。
- 第四張牌（最後的結果）抽牌結果：滿月月蝕——讓出控制權，讓事情自然發展。

虧缺月四張牌牌陣
　　虧缺月期是從滿月到新月的期間，大約持續兩

個禮拜的時間，這段期間我們需要清除和放下。這段期間可能會出現的問題會顯示在這個牌陣中。你可以詢問神靈關於這段期間你認為可能需要清除的事情，或是詢問這段期間的一般性指引。以前面提到的漸盈月四張牌牌陣同樣的模式展牌。

- 第一張牌——我需要清除什麼？
- 第二張牌——什麼能幫助我？
- 第三張牌——什麼能幫助我接納和臣服？
- 第四張牌——最後的結果。

我希望你會不斷地回來使用這套神諭卡，用到連牌卡邊角都磨破了為止；這表示你了解並喜愛這套神諭卡，最重要的是，你信任它能回答你最重要的問題。

月亮是由母性神靈指引，因此我將這套神諭卡獻給她。

雅斯敏・伯蘭（Yasmin Boland）

月相牌
Moon Phase Cards

A new start is coming!
New Moon

新的開始來臨了！
新月 New Moon

　　有一個「是！（Yes!）」朝你這邊過來了。這是整副牌中最吉祥的牌卡之一，非常好的牌面，暗示某個新的刺激事件正在醞釀中。你詢問的這個情況得到了祝福，肯定能達成你的目標。宇宙傳來的訊息是你將以某種方式重新開始，不管是全新的或是更好的方式，或者只是感覺更確定能達成你想要的結果。如果你感覺好像在原地踏步，這張牌是要提醒你，人生是有週期循環的，而你現在正進入新的週期。現在正是清除舊帳的時機。如果你詢問的事情變成會毒化你的情況，這時若不是全部清除，就

是全新的事物即將到來。

接通月亮的能量

　　我相信它就能看見它。

這張牌的額外涵義

- 新的開始就要到來。
- 你很快會開始對你想得到的結果感到更有希望。
- 你相信自己有能力實現夢想。
- 忘掉過去。

教學

　　新月是漸盈月週期的開始，是暗月的中心點。這是陰暗和隱藏的時間，這時我們看不見月亮，是重生的時間。這時候女巫們會運用她們的魔法，為新的週期許願和設定目標；此時的魔法很強烈，比較容易穿透帷幕，進入其他的世界。

Have faith in your dreams
Waxing Crescent Moon

要對你的夢想有信心
眉月 Waxing Crescent Moon

　　不要放棄！你詢問的這個情況仍在逐漸成形中，距離事件的終點仍很遙遠。不管現在發生什麼事，都只是前往夢想途中的一小步而已。正如人們說的這句自我成長的經典名言：「所有的一切最後都會平安順利；如果情況不好的話，這表示還沒到最後的終點。」然而，眉月牌是要提醒你，你還得朝你想要的目標繼續努力。如果無法採取實際的步驟，那就找時間針對你詢問的問題靜坐冥想，讓你的高我下載下一步最好要怎麼走的訊息。總體來說，這張牌表示你有很多理由相信，你詢問的情況

將會有很好的結果，所以要繼續保持信心！

接通月亮的能量

我全心投入我想要的目標。

這張牌的額外涵義

- 就算你看不到自己的夢想，並不表示夢想沒在逐漸成形。
- 不要回頭看——專心向前邁進。
- 耐心等待事件發生。
- 挖深一點去尋找更多的勇氣。

教學

眉月是八大月相中的第二個月相，但是即使你抽到這張牌的時候不是在眉月期，仍表示你需要認真地追求夢想。這個時候要腳踏實地努力追逐目標。

Your commitment is being tested

First Quarter Moon

你的承諾受到了考驗
上弦月 First Quarter Moon

　　前方可能會出現一些挑戰，但這些只是宇宙考驗你的方式。上弦月要你充滿信心的面對任何困難。你認為什麼事情是可能達到的？如果你相信自己能做到，那你很可能就能做到；如果你在人生中常花時間去證實某件事情太困難，你無法克服它，那事情很可能就是這樣。了解這是怎麼運作的嗎？你相信你的夢想會成真嗎？或者你私底下已經放棄了？現在多努力一點能幫助你更接近你想要的目標。你相信能成真的事情就會成真，所以要相信你自己。

接通月亮的能量

我承諾要實現夢想，也會充滿信心的朝目標邁進。

這張牌的額外涵義

- 你問題的答案是：「會有好結果，但還沒出現。」
- 你正在接近目標的途中。
- 你仍需再多努力一點。
- 有時候我們需要了解我們有多想要某個事物。
- 你需要對某人或某事重新許諾。

教學

在月相週期中，上弦月介於新月和滿月之間。這時候太陽和月亮彼此處在星象的銳角位置，所以可能會產生一些小危機。不管你什麼時候抽到這張牌，都需要把任何戲劇性事件看成是通往你預定目標的墊腳石。這時可能也是你需要堅強度過風暴的時候。

You're very close to achieving your goal

Gibbous Moon

你快要達成目標了

盈凸月 Gibbous Moon

　　盈凸月是指「凸起的」。這個形容真是貼切對吧？當月的任何時間抽到這張牌都表示你詢問的情況成功的可能性很大，即將到達顛峰。但這個答案並不是一個清楚的「肯定」或「否定」的「結果」牌。而是要提醒你，在你得到想要的事物之前，可能需要做一點調整，不過，你絕對走對路了，這對你來說可能會讓你覺得很有希望。然而，這張牌也顯示情況可能有點緊張，所以不要把自己逼得太緊──一個錯誤的動作，整件事情可能就會告吹！這不是為了要嚇唬你，而是要讓你知道，這件事情有

一條導火線，所以，如果你決定要點燃它的話，要小心一點。

接通月亮的能量

我知道我在正確的路上。

這張牌的額外涵義

- 現在是檢視計畫的好時機。
- 當你朝夢想前進時，要保持動力。
- 要保持專注。
- 這是開始新方案的好時機。
- 你需要恢復良好的健康習慣。

教學

盈凸月是月亮週期的尾聲，就在滿月之前出現。因為快要滿月了，她看起來是凸起的，所以她幾乎快要變圓月了。這是漸盈月週期的頂點，因此是這個月裡比較強烈的時期。不管你何時抽到這張牌都表示這是一個非常成熟的時機，非常成熟的情況。

Surrender to the Divine
Full Moon

臣服於神靈
滿月 Full Moon

　　「巔峰」這個字彙在我們腦海中會帶來各種念頭和影像，同意嗎？不過這張牌真正的感覺是：人生來到一個尖峰，一個頂點，一個結局或轉捩點；事情可能會出現一些變化，甚至可能會有某種情緒爆發，現在適合調準頻率去感受你的情緒，看看它們想告訴你什麼。不管你是在月亮週期的什麼時候抽到這張牌，情緒想表達的訊息都非常容易浮現。很多事情即將有結果，你會知道你的夢想是否能成真。你的勝算很大，因為這是一張好牌，不過，某些事件發生時，你可能需要比平常更努力保持冷

靜。

接通月亮的能量

我得到了我需要的答案。

這張牌的額外涵義

- 你許的某個願望可能快要實現了。
- 這是不成功便失敗的時刻。
- 可能會有瘋狂的氛圍——深呼吸，保持冷靜。
- 你可能需要原諒某人，以便清除負面能量。
- 現在是要拋開過去，向前邁進的時候。

教學

滿月是月亮週期的巔峰，使這張卡有一種強大的能量。新月期提出的問題通常在滿月時能得到答案，不管是在月亮週期的任何時候抽到這張牌，都表示答案不久就會揭曉。

Take time to breathe out

Disseminating Moon

找時間放鬆
虧凸月 Disseminating Moon

　　滿月期的刺激感已經消退了──給我們留下了什麼？這張牌就是要問你這個。它表示你要求的情況已經過了高峰期，這時你需要從過去的經驗中學習教訓並重整目前的狀況，而不是盲目地向前衝。不管發生什麼事，你都要相信這是最好的安排。試著接納現在的情況，給自己和他人休息放鬆的時間。深呼吸，放輕鬆，我們不可能隨時隨地都處在「運作」的狀態。如果你感覺碰到了困難，或者好像某方面失敗了，這時就要反省下次該如何用不同的方式去處理。對自己誠實，如果你覺得對眼前

的狀況不滿意，那就提醒自己，人生是有週期起伏
的。

接通月亮的能量

我現在這種情況也很好。

這張牌的額外涵義

- 不管是現在或不久的將來，你都該知道自己處在
  什麼情況中。
- 為了你的健康，你需要找時間休息放鬆。
- 這時你要跟別人分享你的智慧和經驗。
- 避免消沉萎靡。

教學

虧凸月是滿月期能量爆發後的第一個月相，不
管你在何時抽到這張牌，都表示你詢問的情況正處
於人生週期中比較平靜的時刻。這時不適合開始做
新的事情，虧凸期是放鬆的時候。給自己一點休息
時間，想想最近發生的事情。

Adjustments are required

Third Quarter Moon

需要做一些調整
下弦月 Third Quarter Moon

　　把自己想像成一個過去幾週來越裝越滿的容器，你身邊發生的事情也許有些很美好，但也有很多你需要放下的負面東西。不管你現在詢問的是什麼情況，請誠實地面對自己的內心，是不是需要將有毒的情緒釋放到太空中？這張牌向你保證，你並沒有失去一切！然而，在你達到你想要的目標之前，需要做一些改變或調整。

　　既然已經明白最近發生的事件並做出回應，這張牌預測你需要改變路線。這時可能也會出現一個「危機」，這個危機是要提醒你去思考，你想要的事

物是什麼，還有這時該放下哪些東西，所以要細心觀察。

接通月亮的能量

我正在重新評估局勢。

這張牌的額外涵義

- 你的生活可能失去了平衡，這可能會給你帶來麻煩，或許應該要想個全新的計畫。
- 全新和刺激的事情可能就要出現。
- 或許需要信任才能讓這個情況繼續進行。

教學

在下弦月的時候，我們知道自己經歷了哪些事情──但我們要往何處去呢？現在的月亮是半月，當它接受的光線越來越少時也會慢慢地遠離我們，正朝著完全消失的新月期而去。這是一個遠離和重新評估的時候，不管你在何時抽到這張牌，它要教你的意義就是釋放和信任。

A time for healing

Balsamic Moon

療癒的時刻
殘月 Balsamic Moon

抽到這張牌表示，過去的事情已經過去了，美好的未來正在呼喚你。然而，在你跨出下一步之前，要確定你自己和那個情況都已經痊癒了。這不是粉飾太平或假裝一切都很好的時候，反而還需要一點時間做療癒，撫慰你自己和需要療癒的人。不過，你得提醒自己，只要你肯相信，任何事情都可能實現。這也是一個臣服和等著聆聽宇宙來指引你的時刻，你可能會獲得很強的洞察力。如果你知道某人或某事真的不適合你，這張牌是要提醒你臣服。開始努力加強你對夢想的信心，這樣當機會來

臨時，你已經準備好了。

接通月亮的能量

當一個人痊癒時，所有的一切都痊癒了。

這張牌的額外涵義

- 這是該拋開過去的時候。
- 你就要轉運了。
- 你需要更多時間療癒。
- 想想如果每個人都獲得了療癒，這個情況會如何。

教學

在殘月時需要多一點耐心，在你緩慢和明確地準備迎接未來的新月時需要做好自我照護。不管你是在哪個月亮週期抽到這張牌，它都是在提醒你，對自己稍微寬容一點，不要太嚴苛。運用你創造力的時刻很快就會來臨，你需要多給自己一點時間。

新月牌
New Moon Cards

It's time to take action
New Moon in Aries

這是採取行動的時刻
新月在牡羊座 New Moon in Aries

火焰已經點燃了！美好的新開始在呼喚你，你正走在正確的道路上。如果你想要人生中發生某件事的話，抽到這張牌是絕佳的好兆頭。把這張牌當作是宇宙給你的大大的「肯定（Yes）！」這時真的需要全心投入去完成夢想了。你可能還有很長的路要走（畢竟，牡羊座是黃道帶的第一個星座），但是你已經上路了。這時候需要下定決心、自我肯定和增加勇氣，不過，不管你詢問的是什麼事情，牡羊座的熱情都會驅使你朝成功之路邁進。要小心注意的是不要衝太快，也不要因此忘了自己應有的

禮貌。當你朝目標奮進時，對別人好一點，這樣才能讓自己廣結善緣。

接通月亮的能量

想都別想放棄的事情。

這張牌的額外涵義

- 竭盡所能──並對此感到知足。
- 這時要避免倉促行事。
- 你需要做好十二個月的計畫。
- 有一位新的男性將會進入你的生活中。

教學

牡羊座是黃道帶的第一個星座，所以新月在牡羊座是一年十二或十三個新月的第一個。如果你決定未來每個陰曆月都要配合月亮的能量行事，那麼新月在牡羊座是開始的最佳時機。不管你在何時抽到這張牌，都表示這是開始運用月亮能量的理想時刻，比如說設立目標。

Prosperity lies ahead

New Moon in Taurus

財運興旺
新月在金牛座 New Moon in Taurus

　　當你詢問有關財務的問題或懷疑自我價值時，常會抽到這張牌。這張牌表示你會得到你想要的，包括物質的東西，但你一定要相信自己。這跟吸引力法則有關：你重視自己，別人才會重視你。你可以創造富足的人生！金牛座跟豪奢的金星有關，這張牌具有新月的能量，所以現在是做好十二月份財務計畫的好時機。

　　這張牌也可能表示將會開始展開新的感情關係或更性感的時期。如果你對某件事情掙扎很久了，新月在穩重的金牛座表示，這時千萬別放棄！

接通月亮的能量

接到或發出一個訊息——健康的身體,健康的心靈。

這張牌的額外涵義

- 你很快就能買得起你夢寐以求的東西。
- 想清楚你最重視的是什麼,就能讓你更安心。
- 找時間寵愛自己。
- 開始定期存一筆錢到存款帳戶,不管多小的金額都沒關係。

教學

我們常覺得把心思放在自己的財務上似乎不太好,事實上,從物質的觀點來看,金錢能使我們的生活過得更自在。金牛座很清楚這點,新月在金牛座就是運用魔法創造你想要的金錢的時刻,這樣你才能得到舒適的生活。不過,記住這點,還是有人很希望能得到你現在擁有的一切。

溝通是關鍵
新月在雙子座 New Moon in Gemini

　　一個良好的關係往往建立在這件事上：溝通。新月在雙子座這張牌是跟你提問的中心人物開始建立一個良好溝通的新週期。不管你問的是什麼事情，答案就是把事情講清楚。如果你沒辦法跟這個人直接談話，你可以把這件事寫在自己的日記裡。這時使用電子郵件、手機簡訊和其他溝通的方式都能幫助你。如果你要問的問題是跟兄弟姊妹或鄰居有關，新的開始即將來臨，你可以藉機清除所有的恩怨，重新出發。這張牌也表示你最近太浮躁了，需要再度讓自己沉穩下來。不過，最重要的是，抽

到這張牌是要強調需要跟人做好溝通。

接通月亮的能量

把你最愛的所有人列出來，看看你是否有優先處理他們的事情。

這張牌的額外涵義

• 這時該告訴某人你心裡的感受。

• 不要老是只用腦不用心。

• 有人在跟你調情。

• 多閱讀書籍。

教學

雙子座是溝通和社交的星座，是有想法和旅行的星座，雙子座周圍的能量和這張牌周圍的能量（不管你是在何時抽到這張牌）是性急、聒噪和愛調情的。新月在雙子座是出門社交的好時機，因為雙子座最愛聊天了。要注意的一點是，這張牌也表示心思「散漫」。每天靜坐、冥想能幫助你理清凌亂的思緒。

You and your loved ones are safe
New Moon in Cancer

你和你所愛的人都很平安
新月在巨蟹座 New Moon in Cancer

　　你的私人生活會有新的開始，將會發生一些事情讓你跟你最喜歡的人或地方產生聯繫。這可能跟你的家人、室友或搬家有關。如果你希望私人生活中能進一步發展特別的關係或事件，這張牌的訊息表示你可以去做。如果你最近忽視了家人，這時可以跟他們再次聯絡感情。如果你疏忽了自己，那你需要好好照顧自己，多關心自己的健康。如果你的不安全感在拖你後腿，這時可以做一點改變，這樣能為你帶來心中想要的人事物。

接通月亮的能量

確定你以家人為優先。

這張牌的額外涵義

- 讓某人能更接近你一點。
- 你的孩子會開始一個新的週期。
- 這是重新審視目標的時刻，你的目標有改變嗎？
- 靜坐能幫你消除不安全感。
- 多花時間靠近水能讓你感到安心，並為你帶來解答。

教學

新月在巨蟹座可能是極度情緒化的時期，月亮跟情緒有關，巨蟹座是水的星座，而且也很情緒化！可以說月亮很喜歡待在巨蟹座，這是讓她感覺像家一般舒適的兩個星座之一，另一個是金牛座。所以，不管你在何時抽到這張牌，都表示接下來發生的任何事都會對你有利，尤其是有關家人的事情會更好。

Confidence is your key to success
New Moon in Leo

自信是你成功的關鍵
新月在獅子座 New Moon in Leo

這張牌宣告你的新週期開始了，你的感覺和外表在這段期間都會變得更光鮮亮麗，更容易成為眾人矚目的焦點，或是可能有些值得炫耀的事情。如果你想得到某人的關注，這張牌是在說：「關注來了！」然而，這些事情可能不會自動發生，你必須願意付出自己的努力，這表示你要為自己和能為世人服務感到驕傲。把自己想成叢林中的國王或女王那樣展現自己的本性。如果你問的是關於你正在做的創意企劃，這張牌也是個絕佳的好預兆。就算不是，它也是在宣布好消息，或宣布你的孩子會有新

的開始。

接通月亮的能量

找時間玩樂。

這張牌的額外涵義

- 現在是向世界展示你才藝的好時機。
- 綻放你的光芒！
- 稍微驕傲一點沒關係。
- 寵愛你自己——這是你應得的。
- 有人看到你會行注目禮。

教學

獅子座是心胸寬大、英勇、驕傲和喜歡表現自我的星座——還有調情。新月在獅子座的氛圍（因此，每當你抽到這張牌的時候也會有這樣的氛圍）是熱情和大方的。這個能量喜愛自己，所以你也該愛自己。如果你太常當壁花，這張新月牌（還有新月在獅子座）是在提醒你，你應該以真實的自己為傲。

A time to give rather than take

New Moon in Virgo

這是「給」而不是「取」的時候
新月在處女座 New Moon in Virgo

當這張牌出現時，就是你該全面檢視自己當前處境的時刻。你現在在哪裡？你想去哪裡？這張牌的新月能量表示重新開始，而處女座的能量則表示，你要用一個簡潔有組織的聰明方式重新開始。處女座也很重視健康，所以如果你最近身體不太好，這張牌表示你的健康會獲得改善。處女座喜歡潔淨的飲食和另類療法，所以，不管你最近感覺怎麼樣，都把這些也加入你現在的生活習慣裡。

如果這時某個情況碰到了困難，可能是你對事情要求太嚴苛，或是太挑剔。這時候要少問別人能

為你做什麼，多想想你能為別人做什麼。

接通月亮的能量

重新恢復早晚的健康習慣。

這張牌的額外涵義

- 事情將會慢慢改善。
- 如果你想成功就要多注意細節。（但不要吹毛求疵！）
- 多為別人服務，愛和金錢就會跟著來。
- 你詢問的這個人很可靠。

教學

處女座是健康、服務和分析的星座——它的能量是精確嚴格的、有某種收穫的感覺。當這張牌出現時，你可能會收到很棒的獎賞。然而，新月在處女座的能量通常是要你把人生規畫得更有秩序，這就是你在新月處女座時期和你抽到這張牌的任何時候該做的事情。

A new romantic cycle begins
New Moon in Libra

新的浪漫週期開始
新月在天秤座 New Moon in Libra

　　針對你詢問的任何兩難的困境，答案可能是互相忍讓——可能彼此需要做一點妥協。這時可以開始協商，甚至是重新協商。當新月在天秤座出現時，你跟某個人可能會重新開始以前的關係，或是跟某人展開新的關係，如果是這種情形的話，很可能是一個健全和平衡的關係。在你抽到這張牌之後所做的任何事情，建議都盡量兩個人一起做，比如說，在生意上或是私人生活中與某人合作。天秤座是人際關係的星座，這表示你提到的那個中心人物將會願意跟你把事情談清楚。盡量避免自私的行

為，這一次你不會因此得到任何好處。

接通月亮的能量

跟某人聯絡，讓他知道你在乎他。

這張牌的額外涵義

- 多用感覺，少用思考。
- 很可能會有結婚或訂婚的事情發生。
- 有關法律的事情將會對你有利。
- 稍微注意一下外表，但也不要只注重外表。

教學

天秤座是愛與和諧、談判協商和人際關係的星座，它是和諧、仁慈和奢華的，總是喜歡追求平衡。所以當我們處在新月在天秤座時期，或是抽到這張牌的任何時候，跟合夥、談判協商、外表和正義有關的任何事情都有重新開始的可能性。記住，描繪天秤座的是一組天秤的畫面，所以這個能量想要讓事情恢復平衡。

Work through your fears
New Moon in Scorpio

學習克服恐懼
新月在天蠍座 New Moon in Scorpio

　　這張牌表示重生。把你的情況想像成從死灰中重生的鳳凰，想像「出生、死亡和重生」的模式。這就是天蠍座的能量。不管你經歷了什麼，未來將會有新的開始。可能有點灰暗（幾乎可以肯定不會有彩虹和獨角獸），不過，它將會是深度的轉化。這張牌也建議，如果你知道自己擁有魔法，那麼現在正是運用魔法的時候。這張牌也可能宣布更性感的時期來臨，如果你最近感覺生活有點太枯燥了，也可能會出現親密感情。天蠍座是喜歡深入身心靈的星座，所以當這張牌出現時，即將出現在你生活

中的事情都不會是膚淺的。

接通月亮的能量

給自己一點性感的時間。

這張牌的額外涵義

- 該是放下往日仇怨的時候了。
- 不要再嫉妒別人了。
- 不要太癡狂。
- 會不會是你太多疑了？
- 做個聰明的投資。

教學

天蠍座是死亡和重生，以及魔法和巫術的星座，它的能量有點陰暗、奧秘，甚至駭人。不是每個人都喜歡面對陰暗面，但天蠍座卻需要它。事實上，透過了解陰暗面才能找到光明，新月在天蠍座（或是任何時候抽到這張牌）表示你此時需要處理這部分。

Luck is on your side
New Moon in Sagittarius

吉星高照
新月在射手座 New Moon in Sagittarius

不管發生什麼事，似乎都是為了讓你展開歡顏而出現。新月在射手座可能是低迷時期過後，重新開始玩樂的時光。這個能量充滿冒險精神，甚至還願意接受一點風險——但要小心不要把全部身家都投下去，因為幸運之輪仍在轉動！這張牌是關於探索你的人生，跟別人分享偉大的想法，或思考自己的哲學思想。或許現在應該改變對某件重要事情的看法？

如果你正在努力準備出門旅遊的話，這也暗示將會有一個旅程出現。不過，這張牌總體的訊息

是，不管接下來會發生什麼事都會是某種禮物，即使可能只是會擴展你的世界觀。

接通月亮的能量

細數你有多少好運——就是字面上的意思。把這些幸運的事情寫下來，或是說出來。

這張牌的額外涵義

- 你需要多笑一點！
- 這是開始學習或教導新課程的最佳時機。
- 不要心胸狹窄。
- 開始做一個禮拜的感恩練習（例如：透過臉書、寫日記或寫在部落格上。）

教學

射手座是玩樂、旅行、冒險和探索偉大宇宙奧秘的星座。這是個充滿偉大想法的星座，它的能量是寬廣、歡快、幸運和神聖的。新月在射手座散發著這些氛圍，不管你何時抽到這張牌也是同樣的情形。對射手座來說，沒有任何事是一成不變的，如果你期望最好的事情發生，試著去感應射手座的能量，這種樂觀的能量將會吸引許多好事降臨。

Your hard work is paying off
New Moon in Capricorn

你的努力將得到回報
新月在摩羯座 New Moon in Capricorn

　　首先，這張牌表示你的職業生涯會有新的開始。不管你的職業生涯中正在進行什麼事，這張牌宣告將會開始全新並且有所改善的工作週期。如果你不滿意目前的工作，這時可以重新洽談你的職位，或是尋找新的工作。不管你詢問的問題是否跟工作有關，都需要做新的計畫和策略。你需要檢視你的長程計畫，想想你在十二個月後，甚至五年後想要達到什麼樣的目標。這樣做能讓你知道現在最好採取什麼樣的行動，所以請仔細思考這件事。抽到這張牌表示，這時應該對你想達成的目標培養野

心和抱負。

接通月亮的能量

做一個適當的計畫並好好執行它。

這張牌的額外涵義

- 你需要加強自律，才能達成目標。
- 努力奮鬥才能讓夢想成真。

這是對學習或教學的好兆頭。

- 掌控欲不要太強，還有避免跟掌控欲過強的人在一起。

教學

摩羯座是充滿野心、喜歡開創和努力奮鬥的星座──這個能量是堅固僵硬的。新月在摩羯座是很強大的月相，這時接近年終，毫無疑問的，正是做好年度規劃，寫下未來一年有什麼期望、夢想、野心和目標的時候。不管何時抽到這張牌都暗示，這是為你心中的目標做好規劃和加強紀律的時候。

Bring love into the situation
New Moon in Aquarius

把愛帶進來
新月在水瓶座 New Moon in Aquarius

　　水瓶座的重點是進步和現代化，所以這是該向前邁進的時候。新月在水瓶座這張牌表示「不要回頭看！」未來即將改變，而且改變很快就會來臨。你是否能達成你想要的改變，取決於你是否相信自己能擁有它，以及你有多依賴別人。這張牌建議你可能需要自己去做一些努力。但要有愛心，不要太現實！當這張牌出現時，重點也許是時間問題──水瓶座的能量有種來電的感覺。當然，你會感覺需要盡快拋開過去，邁向未來。

接通月亮的能量

探討這個觀念：重點不是你知道什麼事，而是你認識什麼人。

這張牌的額外涵義

- 你需要以更客觀的態度來看待這個情況。
- 跳脫框架思考能為你帶來解決之道。
- 這時需要更務實一點。
- 多做善事以改善業力。

教學

水瓶座是創新發明、時代進步、科技和人文的星座。它的能量有點冷漠——它注重獨立自我，甚至科學化的規律，情感相對淡漠些。很多人認為水瓶座是水象星座，因為水瓶象徵裝水的容器，但它其實是風象星座，遠比情緒化的水象星座更理智——不管你何時抽到這張牌，它的象徵意義也是這樣。這個能量適合學著放下傳統的包袱。

冥想與沉思
新月在雙魚座 New Moon in Pisces

　　這張牌訴說夢想和浪漫、靈魂伴侶和詩集。它表示一個會讓你感覺宛如置身雲端，生活彷彿完全改變的全新事件即將開始。如果你以前感覺困惑和失望，那你可能也正在預期同樣的事情會再度發生。然而，如果你想要某件好事發生，那最好努力許願，因為你的靈魂和心靈發出的語言會幫助你實現夢想。如果這聽起來有點潮濕、有點水潤，那就是雙魚座給你的感覺。這是黃道帶最後一個星座，新月在雙魚座這張牌可能表示，這是讓你夢想成真的最後一個機會。

接通月亮的能量

讓你的感覺引導你前進（現在邏輯對你不管用）。

這張牌的額外涵義

- 面對你的恐懼——恐懼可能會拖你後腿。
- 這個情況已經獲得療癒了。
- 這是向神性臣服的時候——可誦念「Om Namo Narayani 音譯：嗡南無那拉亞尼」。
- 避免騙人或是自願被騙。

教學

雙魚座是愛做夢和神秘的星座，也代表情緒的深度、理想主義和無可救藥的浪漫。它是水和潛意識的星座——它的能量像水的深度一樣深沉。新月在雙魚座表示現在是聆聽你的感覺，讓情緒自由奔放的時候。不管當你抽到這張牌時有什麼感覺都更接近事實，除非你刻意隱瞞自己，只有你知道事實是否如此。

滿月牌
Full Moon Cards

A fiery climax approaches!

Full Moon in Aries

火爆的高峰期要來了！
滿月在牡羊座 Full Moon in Aries

這時要看看你是否有點太過關注「我、我、我」了。你想要的和別人想要的事物，兩者之間會產生拉鋸戰，不過你需要稍微等一下，看看接下來會發生什麼事。在你等待期間，自問處理這個情況時是否足夠敏銳。如果你心裡知道，你可能有點太急躁或太惡劣、太衝動或是踩到別人的痛處，那就接受這個情況在某種程度上其實是你自己造成的，這也表示你可以創造出一個脫離困境的方法。當這張牌出現時，表示某個高峰期要出現了，而且可能會很火爆！

接通月亮的能量

在你前往目的地的途中，對別人好一點、親切一點、多微笑、有禮貌一點。

這張牌的額外涵義

- 肯定和獨斷是好事，只是不要太粗暴的壓制別人。
- 如果你身在緊張的情境中，可以藉由冥想讓自己的心靜下來。
- 不要太幼稚！（對不起，不過問題可能出在這裡。）
- 你需要多玩樂！

教學

滿月在牡羊座是超級火爆的時候，這時的情緒可能會很高亢。往好的方面想，可能會有令人興奮的事，但可能會發脾氣、妄下評論，或是衝動做決定。不管你何時抽到這張牌都表示情況已經或是即將到達顛峰，或是情緒過於激動。如果你太愛跟別人競爭比較，說話太直接的話，可能會為此付出代價。

Your dreams need a practical plan

Full Moon in Taurus

你的夢想需要實際的計畫
滿月在金牛座 Full Moon in Taurus

　　有時候你需要給夢想編織一點魔法進去,有時候則需要實際一點,有時候還需要合併這兩點。這張牌表示你現在的情況就是這樣。你需要用吸引力法則把你想要的事物吸引過來(用想像、期望和歡迎它的方式),但你需要朝目標一步一腳印、腳踏實地去做,才能讓這兩者保持平衡。這不是說對月亮許願之後,只要期望好事會發生就好,而是要列出一系列如何達成夢想的重要事項。如果你想要錢財,這張牌宣告財運必須要靠你過去的行為加上你的期望才能吸引過來。

接通月亮的能量

把你知道的有關自己的十大優點列出來。

這張牌的額外涵義

- 懶散能解釋你現在的情況。如果是這樣的話，那就改變它、掌控它！
- 追逐金錢行不通，你需要追逐夢想。
- 嫉妒或羨慕會製造負面的能量並吸引負面的事件。
- 需要多做運動。

教學

滿月在金牛座的期間要回到務實的態度，要腳踏實地，努力擺脫你最近在處理的負面感覺，並且在熱情和過度激動之間找到一個平衡點。滿月在金牛座時，金錢問題可能會達到巔峰期，但不管你在何時抽到這張牌，可以把它當作要你多注意金錢流動的徵兆。

The answers you need are coming

Full Moon in Gemini

你需要的答案即將出現
滿月在雙子座 Full Moon in Gemini

　　這張牌是提醒你雖然說實話很重要，但要記住你說的話對聽者會造成某種後果和衝擊；你現在要注意謹言慎行。你需要的答案可能很快就會出現，你現在面對的問題可能只要跟對方談話一兩次就能解決。如果你問的是有關愛情問題，一點調情或許就能解決。如果你跟人吵架，這張牌是要提醒你一句很不符合雙子座特質的老話：「話說得越少，問題解決得越早。」聊天是不錯，但要小心你說的話不要給自己惹麻煩。言語有極為強大的力量，正如玄學家弗羅倫斯·斯科維爾·希恩（Florence

Scovel Shinn, 1871-1940）所說的：「你的語言就是你的魔杖！」每次你表達自己的想法時，就創造了魔法和屬於你的現實世界。

接通月亮的能量

可以談論重要的事情，但要保持冷靜！

這張牌的額外涵義

- 不要太膚淺。
- 有人嘗試跟你調情，你注意到了嗎？
- 你需要對這個情況一笑置之，然後繼續過你的生活。
- 應徵工作會很有希望。

教學

情緒化的滿月來到愛溝通的雙子座時，總是話講個不停，很容易不小心就說太多，所以當你抽到這張牌時，要注意這個問題。這張牌也表示可能有愉快的社交活動，因為滿月在雙子座是社交的好時機。這張牌也預示你正在學習或考慮要學習的任何事情都會有好結果。

A personal issue reaches resolution
Full Moon in Cancer

私人問題得到解決
滿月在巨蟹座 Full Moon in Cancer

　　滿月在特別情緒化的巨蟹座時，可能會非常激動，所以可能會有情緒爆發的情況，或是跟你的問題有關的事情可能會變得極為激昂。當你抽到這張牌時，敏銳的觀察別人很重要，周遭可能會出現很細膩敏感的事情，所以當你朝目標和夢想前進時要小心行事。這張牌表示這是個特別女性化的時期，它也宣告這段時間可能需要處理家庭問題——沒什麼好擔心的；它表示困難已經接近尾聲。這張牌也暗示家庭或私人問題很快會出現轉捩點，而且現在也是搬家的好時機。你問題的答案是要當一個仁慈

的領導人物，這個時候你需要走出來，並願意克服
你的不安全感。

接通月亮的能量

這時最好用間接的方式去達成你的目的。

這張牌的額外涵義

• 用靜坐舒緩強烈的情緒。

• 不要太黏人。

• 不要擺臭臉！

• 最近是否有花夠多的時間陪伴家人？

教學

月亮和巨蟹座兩者產生的強烈情緒不容忽視，
然而，巨蟹座是月亮的兩大故鄉星座（另一個是金
牛座），所以，以占星學來說，月亮很喜歡待在這
個星座上，事實上她主宰著巨蟹座。這表示這張牌
出現時的涵義是：「一切本該如此。」或是「別擔
心，一切很快會變好。」

Don't let pride get in your way
Full Moon in Leo

別讓驕傲阻礙你
滿月在獅子座 Full Moon in Leo

你是否讓你的驕傲成為了一種阻礙？你問的這個問題是根據你的自尊心，還是來自你的心靈？獅子座的能量都是關於心（想想心胸寬大的森林之王——獅子）。獅子座的能量是偉大高貴的，但當它跟衝動的滿月結合時，就可能衝動過頭了。這張牌出現在你面前可能是因為你需要解決一個現有的僵局——為了大局著想，多付出愛心和體諒就是解決這個困境的辦法。「想要別人怎樣待你，就要怎樣待人」如果你最近的行為不是按照這樣的準則，這時就要在你自己的需求和別人的需求之間找到一個

平衡點，這樣將會改善你所有的人際關係。

接通月亮的能量

展現自己的優點，但不要表現得太過頭！

這張牌的額外涵義

- 有自信很好，但虛榮就不好了。
- 每個人都同等重要。
- 應該順從自己想創造的動力，運用一點魔法吧！
- 這時可能有一段友誼要結束了。

教學

當滿月來到獅子座時，可能是非常閃亮耀眼的時候，人們會更有自信地向世人展現自己的才華和專長。這是牌面上這個月相的優點（不管你何時抽到這張牌都一樣）。然而，獅子座和滿月的結合可能會造成在人際關係中，你的需求和他人的需求產生某種緊張感。滿月在獅子座時要放下驕傲。

You are good enough

Full Moon in Virgo

你已經夠好了
滿月在處女座 Full Moon in Virgo

　　這時要對自己真正的誠實，了解是什麼原因讓你想問這個問題。你是否太過謙虛，謙虛到輕視自己的程度？謙虛是很好，但不要過頭，抽到這張牌表示你可能低估了自己。你不需要大放光彩讓人驚艷，只要默默的自我肯定，相信自己已經夠好了。在天秤的另一端，你也要坦誠的回答這個問題：你是不是太過吹毛求疵了？滿月在處女座牌需要誠實的答案。當你誠實回答後，就很容易看出你是怎麼來到現在這個情境。你的下一步應該會更明確。多注意細節、努力工作會帶來好結果。

接通月亮的能量

在廣大的宇宙和你的世俗日常生活中找到一個平衡點。

這張牌的額外涵義

- 太過擔心會吸引更多需要擔心的事情。
- 你是不是太過挑剔？那麼可能需要跟人道歉。
- 不要再事後批評自己了。
- 多為別人做好事能增加你的善緣。

教學

滿月在處女座是開始清除你的生活、住家和辦公室內雜物的時間。這時要弄清楚哪些東西對你的生活有益，哪些東西對你已經沒用了。這時也適合用鹽水泡澡、用靜坐清除負能量。到戶外光腳散步，多接近大地，學習讓自己更踏實。不管你何時抽到這張牌，它都在提醒你，任何時候都是開始過健康生活的好時機。

A win-win outcome is forecast

Full Moon in Libra

預測會有雙贏的結果
滿月在天秤座 Full Moon in Libra

　　滿月在天秤座是夥伴關係、戀愛和親密關係的星座。因為滿月跟巔峰和結果有關，這張牌表示你若不是正要展開新的人際關係或親密關係，就是一段現有的重要關係即將產生變化，或許是即將結束，或是進入新的相互承諾的階段。記住，人們會出現在我們身邊是有原因的，有時候只是出現一個季節就走了——如果這時某一段關係要結束了，它也是在對的時機發生，所以試著不要去抗拒它。這張牌也可能是關於工作上的關係，有可能是你需要在自己的自尊和別人的需求之間找到平衡點。只有

雙方都懂得付出與接納才可能得到雙贏的結果。這樣做或許就能讓你的問題得到解決。

接通月亮的能量

放下即將離去的一切吧……

這張牌的額外涵義

- 用充滿愛心的眼睛去看別人──這樣能改變你的觀點。
- 現在你該堅定的下決心了。
- 這時應該花一點時間關注自己。
- 多照顧自己，但要避免虛榮。
- 現在是改頭換面，讓自己變美的好時機。

教學

不管你何時抽到這張滿月在天秤座的牌，它都在鼓勵你，在你的需求和親友同事的需求之間找到一個平衡點。平衡很符合天秤座的能量，滿月會將事情帶往高峰期。戲劇化事件和惡劣的情緒會將夥伴關係的問題牽引出來。天秤座的能量也會帶來愛的能量，這時談判協商會更容易一些。

It's time to release negativity

Full Moon in Scorpio

該釋放負面能量了
滿月在天蠍座 Full Moon in Scorpio

　　如果你總是疑神疑鬼、行為怪異的話，把這張牌當作宇宙傳來的直接訊息，要你停止這些行為！老是憂心忡忡是毫無意義的，這時要釋放跟你詢問的狀況有關的任何負面能量。如果有人對你不好，或許這時應該讓他們離開。這張牌宣告一段情緒激烈的時期來臨，因為滿月和天蠍座兩者都有很強烈的能量。這時你要仔細去感受你所有的感覺。當你抽到這張牌時，你周遭可能會有惡劣的氛圍——如果是這樣的話，把這個當成要你離開某人或讓某個惡毒事件離去的徵兆。然而，對某些人來說，這張

牌卻有全然不同的意義：如果你努力點的話，你的性生活此時會獲得改善！善用你的魔法，你擁有能帶來一切滿意結果的能力。

接通月亮的能量

表達心中的情緒！顯露出來要比藏在心裡好多了。

這張牌的額外涵義

- 這時要從恐懼的生活轉到喜樂的生活中。
- 你有這些懷疑是對的。
- 怨恨嫉妒是有毒的——讓那個事件過去吧！
- 一段爭吵結束了。

教學

滿月在天蠍座的尾巴有刺：它可能宣告一段感情不愉快的結束。這時我們可能想表現良好，但自己的行為就是不聽話。不論何時你抽到這張牌都表示你可能會顯露出自己的陰暗面和「陰影中的自我」。滿月在天蠍座也是充滿魔法的時期，如果你在考慮運用一些魔法，這張牌就是要你放心去做的好預兆！

Look at the bigger picture
Full Moon in Sagittarius

多看大格局
滿月在射手座 Full Moon in Sagittarius

你是不是太過在意困境的細節？擔心瑣碎的小事可能會產生不良的後果。或者你只是光說不練？這張牌是要提醒你，雖然仔細考慮清楚後再行動是好事，但有時候你需要退一步去看大格局。當下的情況你看到了什麼？你對這個情況最正面的想法是什麼？即使你還沒得到自己真正想要的結果，這時也該算算你遇到了多少好事。這張牌也是要提醒你，我們經常得冒一點風險去體驗人生旅程中一些不確定的事情。試著對「什麼是最好的安排」保持開放的心胸，宇宙可能會給你一些驚喜。

接通月亮的能量

找時間休息一下，或是來一場探險。

這張牌的額外涵義

- 這個情況再次出現可能是因為你最近心不在焉。
- 要有自信（又不至於過度自信）去度過成功美好的一天。
- 你是否有表達你在乎某個人的想法？如果沒有的話，現在是最佳時機。
- 在說出你心中的想法和說太多之間找到一個平衡點。

教學

滿月在射手座這段期間是要提醒我們，人生是一場冒險，除了我們的後院之外，還有一個廣大無垠的世界。這張牌是要我們好好玩樂和準備航向未知的領域，這是有關大格局和小細節的對比。不管你何時抽到這張牌，它都是在鼓勵你去多看大格局。

The end of a tough cycle approaches

Full Moon in Capricorn

艱難週期接近尾聲
滿月在摩羯座 Full Moon in Capricorn

你願意為自己想要的事物付出多大的努力？這張牌是在提醒你，你需要多加努力。當這張牌出現時，表示工作上的問題可能到頭了，如果你在想不知道該留在原來的工作崗位還是該離開的話，這張牌可能是要你離開的徵兆。預測艱難的時期即將結束。這張牌也叫你考慮一下，你的野心到底有多強，你是否準備好不計一切代價，又不會太過冷酷無情去實現你夢想中的事業？對於愛情的問題，這張牌可能是要你面對現實。不管你詢問的是什麼情況，做好計畫都會很有幫助。如果你的私人生活碰

到問題，那就想辦法制定更好的優先次序。

接通月亮的能量

交出控制權，然後相信宇宙。

這張牌的額外涵義

- 工作上的某個企劃可能要結束了。
- 坦承你最近是否太過固執或剛愎自用。
- 在你的個人外在生活和私生活中找到一個平衡點。
- 不要再害怕未來可能會發生最糟糕的事情。

教學

滿月在摩羯座有很強的職業道德和工作能量，當你詢問有關事業的問題時，很可能會出現這張牌。如果你的問題是關於其他的事情，可以把這當作一個急需的提示，提醒你要拋開最近對當前狀況那種無助的感覺，這個提示不管你何時抽到這張牌都適用。

Show the world the real you

Full Moon in Aquarius

向世界展現真正的你
滿月在水瓶座 Full Moon in Aquarius

　　這張牌帶來的宇宙訊息是說，你需要跟你所問的狀況保持一點距離。有人可能想跟你保持距離，但這並不是壞事。重要的是，你要讓人生很自然的呈現和發展，即使改變似乎令人害怕也要順其自然。如果你一直畏縮的不敢向世界展現真實的自己，這張牌是在提醒你，你獨特的性格正是讓你與眾不同的特質。在親密關係中，你是不是太疏遠或太冷漠了？不管將來會發生什麼事，做你自己就好。

接通月亮的能量

注意你的感受，但也要準備放下它，向前邁進。

這張牌的額外涵義

• 不要失去人生中的美麗和浪漫。

• 你太常用腦袋思考，要多用心靈去感受！

• 有個朋友需要你，到他身邊去吧！

• 有個情況即將發生令人意外的轉折。

教學

每個滿月都是擺脫執著和放下過去的時候，但增加了水瓶座的能量，這種訊息就變成三倍。水瓶座跟執著剛好相反，任何時候抽到這張牌都表示你需要放下過去，或者某人正在想著他需要放開某人——可能是放你離去。該放下什麼事情？怎麼做才正確？接下來會發生的事情可能非常不符合常規，或是令人意想不到。

Balance spirituality and practicality
Full Moon in Pisces

平衡心靈面和實際面
滿月在雙魚座 Full Moon in Pisces

你最近是不是常常在做白日夢，結果與現實世界脫節？如果是這樣的話，抽到這張牌表示你需要多注意這一點，想辦法多努力朝你的目標前進——做越多實際的步驟越好。這時要在你的責任和夢想之間找到一個平衡點。靜心冥想你的問題，解決問題的辦法可能會清晰的浮現在腦海中。如果因為你在扮演犧牲自我的烈士才碰到這個棘手的問題，這張牌來自宇宙的訊息是，為了大家好，你該停止這種行為了。

接通月亮的能量

每天靜坐，看看會發生什麼事。你想要的答案自然會出現。

這張牌的額外涵義

- 你正處在超級浪漫，而不是超級現實的狀態中。
- 順從你的直覺，它不會讓你失望的。
- 這張牌最糟也只是宣告一個夢想結束了。
- 你詢問的那個人是靈魂伴侶。
- 避免濫用藥物、毒品和酗酒。

教學

雙魚座是黃道帶中的最後一個星座，所以滿月在雙魚座象徵終點。當滿月在雙魚座，或是你抽到這張牌時，表示這時要深入檢視自己的情緒。注重精神的雙魚座無邊界的能量跟實際面相對立，所以現在要用感覺去做事。滿月在雙魚座時，超能感應會特別強，這時容易找到靈魂伴侶。這時也是把夢想傳達給宇宙，釋放恐懼情緒的好時機。

特別月牌
Special Moon Cards

Expect powerful change
New Moon Eclipse

預期會有重大改變
新月月蝕 New Moon Eclipse

　　如果你想得到肯定的答案，在你詢問的這個情況中是否能實現夢想並得到你想要的結果，那這張牌就是了。這張牌表示一個新的開始，而且將會有強大的能量出現。但要做好心理準備：這趟旅程可能會很顛簸和不舒服。然而，你選擇的新方向幾乎都會通往比此時此地更好的情境。不管現在發生什麼事情都是有原因的，你以後可能會感謝它。新的門戶已經開啟，你現在只要鼓起勇氣忘掉過去，穿過這道門。你只是被導回正軌，沒什麼好怕的。

接通月亮的能量

　　不要在意過去的事，人生每天都在進化中。

這張牌的額外涵義

- 對，對，一千遍的肯定！
- 你正被推往你的人生目標。
- 不管現在發生什麼事都是為了你的最高福祉。
- 這是你人生中一個重要的轉捩點。

教學

　　新月月蝕是占星術裡最令人興奮的大事，它宣告人生的步調徹底改變。就好像你正朝某個方向前進，很可能是受到自我意識的引導，然後神靈介入──女神或聖靈──讓你轉向你真正該走的方向。當你抽到這張牌時，不管當時是不是新月月蝕，它都在對你改變方向的行為表達強烈的肯定。

Conclusions are within reach

Full Moon Eclipse

結果觸手可及
滿月月蝕 Full Moon Eclipse

　　滿月月蝕──就像一扇門砰地一聲關上了！如果你抽到這張牌表示你詢問的情況達到了頂點，或者高峰期剛過，此時事情已經超出了你的掌控。你現在體驗的是你的靈魂當初簽訂合同時所做的決定，一種能讓你學習、讓你的靈魂進化的方式。所以請讓事情順其自然的發展，不要對自己太苛刻。如果你得放下某人或某事，雖然很困難，但要知道這是最好的時機。寬恕別人過去的行為可能是解決這個情況的關鍵和好辦法。這並不表示他們所做的事情是對的，但只有放下它才能讓你向前邁進。

接通月亮的能量

該屬於我的,我就不會錯過。

這張牌的額外涵義

- 此時關上的門以後不會再打開。
- 你現在應該回到正軌。
- 寬恕能讓你不受業力束縛。
- 建議這段期間多靜坐、練習呼吸法或瑜珈睡眠法。
- 讓出控制權,讓事情順其自然的發展。

教學

滿月幾乎總是跟巔峰和結果有關,滿月月蝕也一樣,但卻更強烈。滿月月蝕可能很難處理,因為它代表我們很多人都不太喜歡的改變。但是改變是人生的一部份,不管你何時抽到這張牌,它都是在提醒你這個事實。滿月月蝕也可能讓我們看見卡爾·榮格(Carl Jung)所謂的「陰暗的自我」,而你必須學著處理你的陰暗面。

The energy is gaining momentum

Waxing Moon

能量正在增強
漸盈月 Waxing Moon

在漸盈月的週期中，永遠充滿希望。這張牌是很正面的預兆，表示你能讓夢想成真，不過，你還沒到達成功的境地，所以還需要繼續努力。這時能量在逐漸上升中，情緒也在增強。你想達到什麼樣的境界，你相信你能達到嗎？你可以繼續冥想，專心實現你想要的結果，或者你也可以勇敢的許下承諾，朝目標採取實際的步驟。不管你決定怎麼做，肯定都在正確的軌道上。

接通月亮的能量

我知道我在朝正確的方向前進。

這張牌的額外涵義

- 這個情況充滿潛力。
- 你的夢想能成真。
- 仍需要付出更多努力——你願意付出嗎？
- 重新檢視你的目標，確定你仍想繼續為此奮鬥。

教學

漸盈月期是從新月到滿月的月相週期，這個時期的月亮看起來每天晚上會一點一點的變大變圓。這段期間月亮會散發出強大的能量，這是一張很有希望的牌。不管你何時抽到這張牌，它都表示現在是做計畫和採取行動的時機。

What do you need to release?

Waning Moon

你需要釋放什麼？
虧缺月 Waning Moon

　　虧缺月表示逐漸遠去的事物。人生是有週期循環的，有時候我們需要休息放鬆或放下一些事物。不管你抽到這張牌時是處在哪個月相週期，這張牌都表示某個情況已經過了巔峰期，不管是好是壞，你都要放輕鬆。這時是週期裡的秋天和冬天，所以你需要釋放什麼呢？幾乎可以肯定跟你詢問的事情有關。這張牌是很好的牌，但也可能溫和的暗示你要放下某件事情，不要再強求了。

接通月亮的能量

可以安心放下過去，向前邁進。

這張牌的額外涵義

- 盡可能不要抗拒的邁向未來。
- 這時不適合開啟新的企劃案。
- 建議這時要釋放情緒的包袱。
- 向某人道歉。
- 多做像靜坐或瑜珈這類增強能量的活動。
- 你很快就會知道未來會發生什麼事。

教學

在虧缺月期間，每天晚上找個時間抬頭望天空──你會看到月亮越變越小，又要從滿月變成新月了。這時有一些事物會漸行漸遠，當然不是對某人或某事緊握不放的時機。抽到這張牌表示你的情況正處在秋冬期，所以最好靜下來開始進行恢復生機的活動。

Nothing will come of this situation
Void-of-Course Moon

這件事不會有任何變化
月入空亡 Void-of-Course Moon

　　這個形式稱為「卜卦占星術」，占星術家會根據問題提出時所繪的星圖來解答問題，月入空亡表示「這件事不會有任何變化」或者「這個情況不會有結果」。這個答案可能是好消息也可能不是，這得看你問的是什麼事情。例如，如果你擔心不好的事情會發生，這張牌的訊息可能是說，沒什麼好擔心的。然而，如果你問的是關於某個新案子，或是一段新戀情，這個訊息是要你調整你的期望或是改變某些事情，以便得到不同的結果。記住，這張牌只能預測你目前正在創造的事情，你若改變了行為

或信念，未來的結果也會跟著改變。

接通月亮的能量

我相信我心中的至善。

這張牌的額外涵義

- 某件事情的機會正在減少。
- 轉個彎可能就會發現更好的事物。
- 相信你會得到你所需的一切。
- 臣服於神靈。
- 找時間休養生息、靜坐和冥想。

教學

月入空亡主要的定義是月亮在進入下一個星座之前，不會跟任何星球發生重大的關聯。當你抽到這張牌時，你最適合做的事情就是誦唸梵語「嗡南無那拉亞尼（Om Namo Narayani）」，它的意思是說「我臣服於神靈」。月入空亡期是順應自然的時候。

Be bold and make the first move
Cardinal Moon

勇敢地跨出第一步
本位月亮期 Cardinal Moon

現在是要勇敢堅持己見的時候。把事情掌控在自己手中，本位星座象徵強大的自我啟動的力量，他們意志堅決且組織力強。抽到這張牌強烈表示，你將會需要這些力量幫你在這個情況中得到完美的決心或地位。這張牌可能會考驗你，看你想要某個事物的決心有多強。如果你在擔心某個情況，它建議你不要太被動，反而要積極主動地引導這些事情轉到你想要發展的方向。說出你想要的結果，如果你真的很想解決它，那你可能需要站出來當領導人物，以某種方式去主導事件的發展。

接通月亮的能量

我要主宰自己的命運！

這張牌的額外涵義

- 勇敢地順從你的心意和情緒。
- 避免莽撞或是衝動行事。
- 接納你的力量，現在是該採取行動的時候了！
- 祈求印度象神迦尼薩（Ganesha）的幫助。

教學

在占星學中將十二星座分為三組，每一組有四個星座：本位（Cardinal）星座、固定（Fixed）星座和變動（Mutable）星座這三組。本位星座裡有牡羊座、巨蟹座、天秤座和摩羯座（記住，我們每個人的命盤上都有十二個星座，分別代表我們生活中不同的部份——這是星盤運作的方式。）這些星座喜歡開啟新的事物，他們是天生的領導人物。不管你何時抽到這張牌都表示，某個新的事件要開始了，你很可能得主導這件事。

Hold your vision

Fixed Moon

堅持你的憧憬
月亮停變期 Fixed Moon

這張牌有兩大可能性，第一是你需要在自己的處境中堅持下去。第二個是完全不同的解讀，表示某件事碰到無法前進的困境了。這可能是指你詢問的情況，如果是這樣的話，請仔細考慮你要怎麼給輪子上油，好讓事情能繼續進行下去。你是不是很頑固？如果是的話，那很好，因為如果你真的想改變這些事情，有一個解決的辦法：就是不要再固執己見了！做那個打破僵局的人吧！這張牌的兩個解讀得由你自己決定實際情況如何，哪種牌義最適合你的情況，這樣也能提供一個自我反省的機會。

接通月亮的能量

「是（Yes）」，只要常說這個字，看看會有什麼感覺。

這張牌的額外涵義

- 這時需要保持動力、信心或耐心。
- 某人需要讓步。
- 避免停滯不前。
- 私人的或是工作上的人際關係將會很持久。

教學

在占星學中將十二星座分為三組，每一組有四個星座：本位星座、固定星座和變動星座這三組。固定星座是指金牛座、獅子座、天蠍座和水瓶座。固定星座的人可能會很固執，所以每次你抽到這張牌的時候，表示任何剛開始的事情都會很持久。（記住，我們每個人命盤中都有這些所有的星座——這是星盤運作的方式——所以當我們說固定星座的人雖然有令人羨慕的持續動力，他們也可能很頑固，這不是刻意的批評。）

Nothing is yet set in stone
Mutable Moon

一切尚未有定論
月亮變動期 Mutable Moon

　　「變動期」是關於變化，甚至是變形，表示事情仍在發展中。這張牌表示某件事情需要改變，還有挪移轉動的空間，所以可以將這張牌視為你詢問的情況尚未有結果。如果你對現在的情況不滿意，那很好，這表示你仍有機會改變未來的結果。然而，這也可能表示這個情況可能不太穩定。對某些人來說，這是好消息，因為你可以影響它。另外一些人會對這種不確定性感到困擾，但應該再堅持久一點。不管怎麼樣，事情都尚未有定論。

接通月亮的能量

「我知道最好的一切將會為我展開。」

這張牌的額外涵義

- 通往目標的道路有些曲折，不過沒關係。
- 這時保持良好的適應力是成功的關鍵。
- 確定你沒有偏離軌道！
- 你最近是不是心不在焉？該專心了！
- 堅持下去，不管你想堅持的是什麼。

教學

在占星學中將十二星座分為三組，每一組有四個星座：本位星座、固定星座和變動星座這三組。變動星座裡有雙子座、射手座、處女座和雙魚座，當月亮移到這四個星座之一時，你知道情況會產生更多變化。任何時候你抽到這張牌，都表示有機會繼續憧憬和確認你想要的事物，因為還有改變的空間。所以仔細想想你要什麼，好好享受白日夢吧！

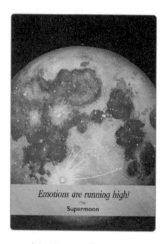

Emotions are running high!

Supermoon

情緒正高昂！
超級月亮 Supermoon

　　這張牌表示你問題的答案就像夜空中銀色的滿月那樣巨大。如果你想知道事情成功的機會有多大，比如某個工作或是某段戀情，答案是非常大。用一般常用的說法，答案可能就在你面前！這張牌的意義比人生更遠大、更特別，而且充滿能量，你可以接通並運用它的能量。當這張牌出現時，你可以預期會有很多好事發生，事情會有好的結果，但你可能也會發現需要處理很多情緒問題。不管你詢問的是什麼事，可能表示你遇到的機會不會每天出現，要把握時機採取行動。

接通月亮的能量

一定要相信，我離成功不遠了。

這張牌的額外涵義

* 你問題的解決之道可能比你想的還要接近。

* 不要忽略顯而易見的事情。

* 即將出現令人興奮的事情！

* 要注意不要弄巧成拙。

* 跟女神談話──祈求她的協助。

教學

超級月亮是當新月或滿月在每月的繞行軌道中最靠近地球的地點時發生，這種情況被稱為近地點（perigee）。如果是滿月的話，這時的月亮看起來會比平常大了百分之十四左右。這種月亮被稱為情緒的女王，如果你抽到這張超級月亮牌（不管你是何時抽到的），可以肯定你的情緒會特別強烈。

相信會發生不可能的事
藍月 Blue Moon

　　正如俗語説的，有些事情「只有在藍月的時候」才會發生，換句話説就是難得會發生一次。抽到這張牌表示你即將碰到一個難得的機遇，很可能有一生難得會發生「一次」的事情。如果你覺得自己期望過高，對宇宙要求過多，這張牌是很好的預兆。不管你問的是什麼事情，嗯，可能只有在藍月出現的時候才會發生，但還是有可能會發生！然而，雖然這個難得的機遇出現在你面前，最重要的是你要相信它。如果你告訴自己，你希望的事情絕不可能出現對你有利的局勢，結果你猜怎麼樣？局

勢就真的不會對你有利！你要感謝這張牌，因為它在提醒你要相信自己的夢想。

接通月亮的能量

我很幸運！

這張牌的額外涵義

- 錯過了這個機會，短時間內它可能不會再回來。
- 這次發生的事情可能只會發生一次。
- 你詢問的這個人是個難得會遇見的人。
- 如果你能相信，你就能實現。
- 這個情況不太可能會重複出現。

教學

每個春分到夏至或秋分到冬至之間通常只有三個滿月，不過，有時候我們在一個季節中會出現四個滿月。這種情況發生時，第三季的第四個滿月就叫藍月，至少，藍月原本的定義是這樣。最近比較受歡迎的說法是，任何一個有兩個月亮的陰曆月份，第二個滿月就稱為藍月。

Don't let your past hold you back
South Node

別讓你的過往阻礙你
南交點 South Node

　　南交點就跟北交點一樣是運勢的交點，但它跟北交點相反，它是跟過去，甚至跟前世有關。不管你經歷了什麼，不管你問的是什麼事，以前的習慣模式和制約作用可能會阻礙你達成目標的能力。你是不是感覺卡在某個狀況中？這張牌通常表示你詢問的這個情況或是這個親密關係變得窒悶，甚至有毒化你的情形。這表示某人需要離去（可能是你），需要處理某種不健康的執念和依戀。有一件事是可以肯定的，當你抽到這張牌時，即使你覺得保持原狀比較輕鬆安全，這張牌也會要求你做一些

改變。

接通月亮的能量

我要釋放過去。

這張牌的額外涵義

• 人與人之間的關係是累世積來的緣份。

• 你對某人的迷戀可能接近癡狂的程度。

• 即使你能夠做某件事並不表示你應該做。

教學

南交點是指月亮跨過往南方的黃道帶時產生了交叉點。在星象命盤中，它表示我們可能會變得對某些事物過度沉迷，但這些對我們可能沒有好處。占星學的宿命點是要提醒我們這個名句：「如果你總是依照慣常的方式行事，那你就會得到你經常得到的結果！」

Step out of your comfort zone
North Node

走出舒適圈
北交點 North Node

　　你抽到這張牌時有一種強烈的意思：現在該想辦法拋開過去了，因為你在朝正確的方向前進。如果你想得到快樂圓滿的人生，需要做你不敢做的事情（在合理的範圍內！）。這張牌要你過一個有目標的人生，這可能也與你詢問的事情有關。它勸你放膽去做不同的事情，走不同的人生方向，採取實際行動。所以你願意去追隨並引導你的人生往命定的目標前進嗎？如果你終於鼓起勇氣跨出這一步，你將來很可能會問自己：「我為什麼等了這麼久才行動？」

接通月亮的能量

我知道我在朝正確的方向前進。

這張牌的額外涵義

- 你正朝某個彷彿「命中注定」的目標前進。
- 你需要面對某種恐懼，想辦法克服它。
- 現在該停止執迷於某人或某事了。
- 要腳踏實地。
- 你可以辦到的！

教學

北交點是指月亮跨過往北方的黃道帶時產生了交叉點。星象命盤的宿命重點是要告訴我們，我們這一生需要做什麼事情，需要前往何處才能找到滿足、成就感和幸福的人生。北交點表示星象學的宿命點要提醒我們——在此轉述安德烈紀德（André Gide）的話——為了發現新的海洋，我們得做好讓海岸從眼前消失的心理準備。

繪圖者簡介

妮克絲‧蘿婉（Nyx Rowan）是從事美術、插畫和水彩畫的自由創作者。她深為大自然世界著迷，她有很多藝術創作的靈感都來自野生動物、植物、太空和神祕學。

她現在住在加拿大哥倫比亞省，平日喜愛徒步旅行，經常到山上去踏青、探險和充電。

網站：www.nyxrowan.com
FB 臉書：https://www.facebook.com/nyxrowan
instagram：https://www.instagram.com/nyxrowan/

作者簡介

雅思敏‧伯蘭（Yasmin Boland）是得獎的占星學家、月相學家和暢銷書作者。她是一個廣受全球讀者喜愛的占星學作家，所發表的專欄遍及世界各地。

雅思敏喜愛所有的占星學，但對月亮特別感興趣，尤其是新月和滿月。請到她的網站去閱讀關於每日月亮的訊息，以及她寫的每週、每月和每年的星座運勢和月相運勢。雅思敏的著作包括《Moonology（新月許願）》和《Astrology Made Easy》。

網站：www.moonology.com
FB 臉書：https://www.facebook.com/yasminboland
instagram：https://www.instagram.com/moonologydotcom/
twitter 推特：https://twitter.com/yasminboland

國家圖書館出版品預行編目資料

月相神諭卡：連接古老的月亮智慧，開創屬於你的夢想和未
　來 / 雅思敏·伯蘭（Yasmin Boland）著；舒靈翻譯. -- 初版.
　-- 新北市：大樹林，2020.12
　　面；　公分. --（自然生活；43）
　　譯自：Moonology oracle cards: a 44-card deck and guidebook

　　ISBN 978-986-99154-6-5（平裝）

　　1.占卜

292.96　　　　　　　　　　　　　　　　　　　109016414

系列 / 自然生活43
書名 / 月相神諭卡：
　　　連接古老的月亮智慧，開創屬於你的夢想和未來

作　　者 / 雅思敏·伯蘭（Yasmin Boland）
翻　　譯 / 舒靈
編　　輯 / 王偉婷
排　　版 / 弘道實業有限公司
校　　對 / 12舟
出 版 者 / 大樹林出版社
地　　址 / 235新北市中和區中山路二段530號6樓之1
通訊地址 / 235新北市中和區中正路872號6樓之2
電　　話 / (02) 2222-7270　　傳　　真 / (02) 2222-1270
網　　站 / www.guidebook.com.tw
E – mail / notime.chung@msa.hinet.net
Facebook / www.facebook.com/bigtreebook
總 經 銷 / 知遠文化事業有限公司
地　　址 / 222新北市深坑區北深路三段155巷25號5樓
電　　話 / (02)2664-8800　　傳　　真 / (02)2664-8801
初　　版 / 2020年12月
MOONOLGY ORACLE CARDS
Copyright © 2018 by Yasmin Boland
Originally published in 2018 by Hay House UK Ltd.

定價 / 580元　　　　　ISBN / 978-986-99154-6-5　　　版權所有，翻印必究
本書如有缺頁、破損、裝訂錯誤，請寄回本公司更換　　　Printed in Taiwan

大樹林好書推薦

內在小孩童話療癒卡（附牌卡）：用 78 張童話故事
的圖像，為受困的心靈找出解答，指引方向

Inner Child Cards: A Fairy-Tale Tarot

作者：伊莎・勒娜、馬克・勒娜

繪者：克里斯多夫・蓋佛

定價：980 元

★童話故事結合傳統塔羅，可愛又好玩★

★暢銷全球 19 年，已翻譯成八國語言★

★全世界心理諮商師、療癒師愛用牌卡★

大樹林好書推薦

神聖芳療卡 Sacred Aroma Cards：用芳香塔羅透析你的身心靈，搭配 29 張牌卡的精油魔法突破現狀！（立體書盒，附牌卡）

作者：夏秋裕美、Reila-puna.RIE

繪者：HIRO

定價：450 元

★內在占卜 × 調香諮詢★

★最適合想【斷捨離／放下重擔／淨化磁場】的你★